AF500303

LE

PRINCE DE BISMARCK

EN CHAMPAGNE

(Souvenirs de 1870)

Par Jules POIRIER

REIMS
MATOT-BRAINE, IMPRIMEUR-LIBRAIRE-ÉDITEUR
Henri MATOT (A), Fils et Successeur
6, Rue du Cadran-Saint-Pierre, 6
—
1898

LE

PRINCE DE BISMARCK

EN CHAMPAGNE

(Souvenirs de 1870)

Par Jules POIRIER

REIMS
IMPRIMERIE ET LITHOGRAPHIE MATOT-BRAINE
Henri MATOT (A), Fils & Successeur
6, Rue du Cadran-Saint-Pierre, 6

1898

LE

PRINCE DE BISMARCK EN CHAMPAGNE

(Souvenirs de 1870)

Le 30 juillet 1898 a été pour l'Allemagne un jour de deuil national. Ce jour-là, est mort l'un des fondateurs — le promoteur même, le mot n'est pas trop — de l'unité de cet empire.

Nous n'avons pas en vue de rappeler les principales étapes de la vie de Bismarck. Le cadre que ces étapes remplissent est trop vaste ; forcément, venant longtemps après ceux qui les ont rappelées à l'heure voulue, nous tomberions dans des redites. Nous avons cherché un cadre nouveau, une étude de faits particuliers, pour parler à nos compatriotes de l'homme que fût Bismarck, et ce cadre nous l'avons trouvé dans le rôle joué par le chancelier pendant son séjour parmi les populations champenoises.

Le 3 décembre 1850, Bismarck affirmait au landtag prussien son mépris pour les diplomates de cabinet qui déclarent la guerre, mais « se chauffent à l'aise au coin de leur feu, tandis que le sang du fantassin ruisselle dans la neige ». Au cours de sa carrière, jamais il ne démentit ce langage. Dans les guerres que la Prusse soutint depuis le jour de cette déclaration, le chancelier fut toujours, sur les champs de bataille, à côté de son souverain. C'est ainsi qu'on le vît, à Sadowa, treize heures durant sans descendre de cheval ; à Sedan, il observa la même contenance.

Mais, en 1870 comme en 1866, Bismarck ne suivit son souverain que du jour où les armées de son pays foulèrent le sol étranger, que la victoire leur souria. On ne le rencontre pas, au début de la guerre franco-allemande, sur les premiers champs de bataille de la Lorraine, où le lendemain était encore l'incertitude pour les armées allemandes.

Bismarck apparut, pour la première fois, à Gravelotte, où il faillit être fait prisonnier. De là, il vint successivement à Commercy, à Bar-le-Duc, à Clermont-en-Argonne, à Beaumont ; il y fut témoin de la première défaite de l'armée de Châlons.

Le soir de Beaumont, il vint coucher à Vendresse, avec le roi de Prusse. Le lendemain, il allait jouer le rôle le plus considérable peut être de sa carrière diplomatique — un rôle qui devait frapper d'un rude coup la fortune militaire et diplomatique de la France — pour l'histoire de la confédération germanique.

*
* *

L'aurore du 1er septembre se leva, pour la France, plein de tristesse ; ce jour-là, en quelques heures, allait s'effondrer, sous la forteresse de Sedan, une partie de la gloire militaire de notre pays.

Plus d'un quart de siècle a passé sur ce jour, courte étape dans la vie d'un peuple, mais bien longue dans la vie d'un homme.

Pour notre part, à cette heure-là, nous étions enfant, nous avions l'âge où, si l'on discerne mal les choses que l'on voit, le souvenir de ces choses reste inaltérable.

Dès la première heure, les hauteurs du Bois-en-Val, au pied desquelles coule la Meuse, et qui prolongent, en dos d'âne, la citadelle de Mézières, étaient couvertes de curieux venus de Mézières et de Charleville.

Vers huit heures du matin, dans la direction de Sedan, une fumée épaisse s'éleva de la vallée de la Meuse ; l'écho apporta les bruits d'une canonnade nourrie et le crépitement d'une vive fusillade. C'était tout ce qu'il était possible de voir, du Bois-en-Val, du drame militaire qui se préparait autour de Sedan. A un moment de l'après-midi, canonnade et fusillade devinrent plus vives ; elles semblèrent même se rapprocher, et apportèrent dans le cœur de plus d'un des curieux l'espoir d'une victoire.

Quelle ne fut pas notre déception, quand, vers cinq heures de l'après-midi, nous vîmes arriver et envahir les rues de

Charleville et de Mézières par des soldats français dépenaillés, couverts des costumes les plus disparates. Tel zouave ou fantassin était à cheval, alors que des dragons ou des chasseurs étaient à pied ; un artilleur était coiffé d'une calotte de zouave, alors qu'un zouave avait le képi d'un artilleur, un chasseur d'Afrique celui d'un fantassin ; même disparité pour les autres pièces du costume.

Là, au coin d'une rue, un fantassin vendait un cheval harnaché pour dix francs ; ici, au contraire, c'était un cavalier qui vendait, pour quelques sous seulement, tout l'équipement d'un fantassin.

Et tous ces hommes mouraient de faim. La population et l'autorité militaire firent des merveilles pour secourir ces tristes épaves du naufrage de Sedan.

*
* *

A l'heure même où se produisit cette débandade de l'armée de Châlons, le comte de Bismarck entra en scène pour jouer le rôle qui lui incombait dans le drame de 1870 ; son premier théâtre fut la Champagne.

Dès les premiers coups de canon tirés à Sedan, le roi Guillaume avait pris position à la Croix-Piot, sur la rive gauche de la Meuse, d'où l'on voyait le mieux le champ de bataille. Le souverain était entouré de Bismarck et de Moltke, d'un brillant état-major en grand uniforme, comme pour une représentation de gala. Chacun suivait les phases de la lutte avec une lunette d'approche. A une heure de l'après-midi, Bismarck descendit de cheval et, assis sur une chaise, il se mit à étudier l'énorme dossier qui ne le quittait jamais, dossier mystérieux pour son entourage, dont on semble ignorer encore le contenu.

Quand l'issue de la bataille ne laissa plus le moindre doute chez le souverain prussien, alors que les deux armées allemandes avaient opéré leur jonction appuyées par une puissante artillerie qui n'attendait que le moment de réprimer par son feu toute tentative des Français pour franchir le cercle qui les enserrait, il dépêcha, à Sedan, le colonel Bronsart de Schellendorf, chef du premier bureau du quartier général, et le capitaine de Winterfeld, attaché à ce même quartier, pour demander la capitulation de la forteresse et de l'armée.

C'est par ces officiers, à leur retour au quartier général, que Guillaume connut la présence de Napoléon III à l'armée de Châlons ; ils s'étaient entretenus avec lui à la Sous-Préfecture de Sedan. C'est à la suite de cet entretien avec le souverain français, que les deux officiers prussiens purent annoncer la prochaine arrivée du général Reille, qui avait mission d'entamer les pourparlers de la capitulation. Cette nouvelle fut accueillie au camp ennemi avec un enthousiasme délirant. Le roi Guillaume, en la recevant, appela immédiatement Bismarck auprès de lui et l'en entretint longuement. A six heures et demie du soir, le général Reille arrivait aux avant-postes, porteur du trop fameux billet suivant :

« MONSIEUR MON FRÈRE,

« N'ayant pu mourir au milieu de mes troupes, il ne me « reste qu'à remettre mon épée entre les mains de Votre « Majesté. »

Le roi après avoir lu cette lettre, la remit à Bismarck avec qui il s'entretint à nouveau, à voix basse et à l'écart de toute oreille, pendant que les généraux et les officiers du grand quartier général se passaient de main en main la lettre de Napoléon III. Après quelques minutes de cet entretien, Bismarck appela le comte de Hatzfeld; celui-ci rédigea, d'après les inspirations personnelles de Bismarck, la réponse du roi à l'empereur Napoléon III. Cette réponse conférait au général de Moltke les pouvoirs les plus étendus pour discuter les conditions de la capitulation avec le plénipotentiaire français que Napoléon désignerait.

Guillaume quitta de suite le champ de bataille et regagna son quartier général, à Vendresse, tandis que Bismarck et de Moltke vinrent à Donchery, point fixé pour la discussion des préliminaires de la capitulation; le comte de Bismarck s'établit chez le docteur Jeanjot. Chemin faisant, les deux plénipotentiaires prussiens avaient discuté les conditions à accorder à l'armée française, conditions que nous allons retrouver dans l'entretien que Bismarck et de Moltke eurent avec les plénipotentiaires français.

*
* *

A 10 heures du soir, la mission française arriva à Donchery. Elle comprenait le général de Wimpffen, le général Faure, le général Besson, le comte d'Ollone, le marquis de Laizer et le capitaine d'Orcet; le général Castelnau représentait spécialement Napoléon. Ils furent reçus dans un salon où se tenaient, assis à une table, au centre le général de Moltke, à sa gauche Bismarck, à sa droite le général de Podbielski et le capitaine de Nostitz, ce dernier faisant fonction de secrétaire-sténographe de la réunion; plus en arrière, debout, un certain nombre d'officiers de l'état-major de de Moltke et des fonctionnaires de la chancellerie allemande. Après la reconnaissance des pouvoirs du général de Wimpffen, celui-ci prit la parole et demanda pour l'armée française qu'elle put se retirer avec armes et bagages, avec les honneurs dus à des vaillantes troupes, et avec l'engagement de ne plus porter les armes contre l'Allemagne jusqu'à la conclusion de la paix, soit en Algérie ou sur tout autre point du territoire français.

Alors commença, entre le général français et le chancelier prussien, ce dialogue :

— Sans nul doute, dit Bismarck, la valeureuse résistance de votre armée mérite les conditions les plus honorables, car avec soixante-dix mille hommes vous avez combattu contre deux cent vingt mille. Nous rendons justice au commandant énergique et aux braves soldats qui ont prolongé la lutte durant presque toute une journée; mais c'est la France qui a déclaré la guerre. L'Allemagne désire le prompt rétablissement de la paix; nous ne devons donc négliger aucun moyen de diminuer la durée de la lutte, et l'un des plus efficaces est de priver la France d'une armée importante encore par les éléments qui la composent et qui sont aptes à fournir des cadres à des armées nouvelles. Aussi, après en avoir délibéré, nous avons décidé que nos conditions seraient celles-ci : votre armée déposera les armes et sera conduite prisonnière en Allemagne.

Avec l'énergie du désespoir, Wimpffen, protesta contre de pareilles conditions, rééditant ses premières idées d'une trouée à travers le cercle de fer ennemi. De Moltke fit comprendre toute la témérité d'une pareille entreprise, offrant de faire contrôler les positions occupées par la formidable artillerie allemande.

— L'engagement de ne pas servir pendant la durée de la guerre n'est-il pas, ajouta de Wimpffen, aujourd'hui comme alors (il avait fait précédemment allusion aux capitulations de Mayence et de Gênes) une garantie suffisante ?

— Peut-être pourrait-on discuter sur de telles bases si vous aviez un gouvernement durable et solidement établi. Mais êtes-vous sûr d'avoir demain le gouvernement que vous avez aujourd'hui ? et pouvez-vous répondre que celui-là ratifiera ces conditions ? Vous ne le pouvez-pas, n'est-il pas vrai, et voilà précisément pourquoi cela ne nous donnerait aucune sécurité.

— Mais, répliqua de Wimpffen, il n'existe pas chez nous de pouvoir assez fort pour obliger des officiers à manquer à leur parole.

— Nous nous en rapportons complètement à la parole des officiers français, et peut-être sera-t-il possible de leur accorder certains avantages sous l'engagement de ne pas combattre pendant la guerre et de ne pas servir d'instructeurs. Mais ces avantages ne sauraient s'étendre aux soldats. Du reste, nous voulons, autant que possible, éviter tout ce qui pourrait vous blesser, ainsi que vos troupes. Vous déposerez vos armes dans les magasins où nous les ferons prendre, et vous n'aurez à vous soumettre à aucune des cérémonies d'usage à la sortie de la place de Sedan.

Quelque chose tenait bien plus encore au cœur de Bismarck. Il savait par sa longue expérience de la vie qu'il y a parfois des retours de la fortune. Plus souvent que tout autre peuple, la France a connu ces retours, et, en 1870, rien n'était impossible qu'ils ne revinssent pas. Le chancelier parla de suite d'une paix possible moyennant le paiement d'une indemnité de quatre milliards, la cession de l'Alsace et de la Lorraine, seule garantie pour nous, ajouta-t-il, car la France nous menace sans cesse, et il faut que nous ayons comme protection solide, une bonne ligne stratégique avancée.

— Vous obtiendrez sans doute les milliards, mais on ne cèdera pas une portion de territoire sans une lutte acharnée, et si la France devait succomber et se voir forcée, pour obtenir la paix, d'abandonner l'Alsace et la Lorraine, cette paix ne serait qu'une trêve durant laquelle de l'enfant au vieillard on apprendrait le maniement des armes, pour recommencer avant peu une guerre terrible dans laquelle l'un des deux peuples disparaîtrait comme grande nation de la carte d'Europe.

— La France ne nous a pas pardonné Sadowa. Quelles que soient les conditions de paix que nous lui accordions, elle ne nous pardonnera pas notre victoire sur elle-même. Elle voudra venger sa défaite : aussi est-ce précisément, parce que la lutte devra recommencer, que nous devons, dès aujourd'hui, prendre des garanties sérieuses contre vous, si nous voulons que nos succès portent des fruits durables.

De Wimpffen tenta de convaincre le chancelier que la France avait oublié Sadowa, qu'elle ne demandait, aujourd'hui, qu'à porter ses espérances vers la paix universelle et non pas vers « l'habitude des armes ».

Le chancelier répondit : — Après l'effort que l'Allemagne vient de faire, elle en voudrait à la Prusse si le roi se contentait de paroles et d'argent ; elle veut des garanties matérielles qui assurent son repos, car elle ne sera peut-être pas en état de renouveler avant cinquante ans une pareille guerre, nécessitant de si grands sacrifices. Il faut donc, dès aujourd'hui, que nous prenions ces garanties, et que vous consentiez à être prisonniers de guerre, ainsi que nous l'avons décidé.

Le général de Wimpffen ne se crut pas autorisé à prendre une décision sur le champ. Il sollicita un armistice de vingt-quatre heures : de Moltke ne voulait accorder que jusqu'à quatre heures du matin. Ce fut sur les instances de Bismarck que le délai fut prorogé à neuf heures du matin.

On se rappelle que le général Castelnau, chargé de présenter un message personnel de Napoléon III, se trouvait parmi la mission française. Le moment de prendre la parole étant venu pour celui-ci, il s'acquitta de sa mission : — L'empereur, dit le général, m'a chargé de faire remarquer à Sa Majesté le roi de Prusse qu'il lui avait envoyé son épée sans condition, et s'était personnellement rendu absolument à sa merci ; mais qu'il n'avait agi ainsi que dans l'espérance que le roi serait touché d'un si complet abandon, qu'il saurait l'apprécier, et que, en considération, il voudrait bien accorder à l'armée française la capitulation honorable à laquelle son courage lui donne droit.

— Est-ce tout ? ajouta M. de Bismarck.

— Oui.

— Mais quelle est l'épée qu'a rendue l'empereur Napoléon III ? Est-ce l'épée de la France, ou son épée à lui ? Si c'est celle de la France, les conditions peuvent être singulièrement modifiées, et votre message aurait un caractère des plus graves, car il équivaudrait à une proposition de paix.

— C'est seulement l'épée de l'empereur.

Le général de Wimpffen s'était levé et se disposait à quitter les plénipotentiaires prussiens sans que les négociations aboutissent.

Bismarck rompit une fois de plus le silence :

— Oui, général, dit-il, vous avez de vaillants et d'héroïques soldats ; je ne doute pas qu'ils fassent demain des prodiges de valeur, et ne nous causent des pertes sérieuses. Mais à quoi cela servirait-il ? Demain soir, vous ne serez pas plus avancé qu'aujourd'hui ; vous aurez seulement sur la conscience, le sang de vos soldats et des nôtres, que vous aurez fait couler inutilement. Qu'un moment de dépit ne vous fasse pas rompre la conférence ! M. le général de Moltke va vous convaincre, je l'espère, que tenter de résister, serait folie de votre part. De Moltke prit à son tour la parole, et fit le tableau de la situation des deux armées en présence.

Il était une heure du matin quand prit fin cette conférence. Tandis que les plénipotentiaires français cheminaient sur la route de Donchery à Sedan, l'état-major allemand, sûr du lendemain, préparait le texte de la capitulation. Bismarck se coucha, non sans avoir fait sa lecture quotidienne des livres ayant pour titre : « *Des solutions quotidiennes et préceptes à l'usage de nos frères en communion pour l'année 1870* » et « *Les consolations pour les chrétiens croyants* », livres de piété qui ne quittaient pas le chevet du chancelier.

* * *

A six heures du matin, le 2 septembre, le général Reille vint réveiller le chancelier, et le pria, de la part de l'empereur, de se rendre à mi-chemin de Donchery et de Sedan. La rencontre eût lieu dans la modeste habitation d'un tisserand, et voici le récit de cet entretien, d'après Bismarck, reproduit par Busch :

« En croisant la voiture (où se tenait l'empereur), je saluai militairement, mais lorsque je vis l'empereur et les officiers de sa suite répondre à mon salut en soulevant leurs képis de la main, je fis de même, bien que ce fut contraire à l'usage.

» — Couvrez-vous donc, me fit alors l'empereur.

» Je me conduisis alors à son égard, comme autrefois à Saint-Cloud, lorsque j'étais son hôte, et lui demandai ses ordres.

» Il s'informa auprès de moi s'il pouvait espérer parler au roi.

» Je lui exprimai que c'était une chose impossible, par la bonne raison que S. M. était à deux milles d'ici ; et puis, au fond, je ne me souciais pas que l'empereur eût une entrevue avec notre roi avant que les conditions de la capitulation fussent tout à fait arrêtées.

» Alors, il s'enquit d'un endroit où il pourrait demeurer, — question d'où il ressortait clairement qu'il n'avait pas la moindre envie de retourner à Sedan, ayant sans doute appris que le séjour de cette ville lui était devenu très difficile, ou craignait qu'on ne lui gardât rancune de la lettre qu'il nous avait écrite. — Il paraît que Sedan regorgeait de soldats ivres, n'ayant nul égard envers les habitants.

» J'offris à l'empereur de venir demeurer dans mon quartier général à Donchery, lui déclarant que j'allais immédiatement le faire préparer à son usage ; il accepta mon offre.

» Toutefois il réfléchit apparemment, car à quelques cents pas de là, il se ravisa et fit faire halte à la voiture devant une maison entrevue au passage et exprima le désir de s'y arrêter. J'envoyai mon cousin Bohlen inspecter les lieux et transmis à l'empereur la réponse qui me fut rapportée, à savoir que la maison était des plus misérables (1).

» — Oh ! cela ne fait rien, observa Napoléon.

» Et il descendit.

» Je mis pied à terre, moi aussi en le voyant revenir et chercher tout autour de la bicoque dont il ne trouvait pas l'escalier conduisant à l'étage supérieur. Je l'introduisis et nous entrâmes dans une petite chambre avec une seule fenêtre ; c'était la meilleure. Du reste, et bien qu'elle n'eût qu'une mauvaise table en bois de sapin et deux chaises cannées, il y demeura, et c'est là, dans cette pièce, que j'eus avec lui le premier entretien sérieux, entretien qui ne dura pas moins de trois quarts d'heure (2).

» Dès le début, il se mit à déplorer lui-même cette guerre malheureuse disant qu'il ne l'avait pas voulue, et qu'il n'y avait été poussé que par l'opinion publique.

» Je lui fis remarquer à mon tour que — chez nous personne — et le roi moins que tout autre — n'avait désiré cette guerre ; que nous n'avions envisagé la fameuse question espagnole qu'au seul point de vue des intérêts de l'Espagne, et jamais au point de vue allemand ; que nous espérions même qu'à la suite des bonnes relations que la Maison de Hohenzollern ne manquerait pas d'avoir avec la France, il

(1) Il y a quelques années, on visitait encore, dans cette maison, la chambre où eut lieu la conférence entre le chancelier et l'empereur des Français. La disposition des meubles avait été précieusement conservée, comme au 2 septembre. Aussi cette chambre devint l'objet de la curiosité des nombreux pèlerins qui visitèrent le champ de bataille. Si nos souvenirs sont exacts, on voyait, sous un globe de pendule, quatre louis d'or laissés au tisserand par Napoléon.

(2) A propos de cet entretien, Busch rapporte l'impression du chancelier : « Dans la petite chambre du tisserand de Donchery — lui aurait dit Bismarck » où je demeurai près d'une heure assis en face l'empereur Napoléon, j'éprou- » vai le même sentiment que quand j'étais au bal dans ma jeunesse et que » j'avais engagé pour le cotillon une jeune fille à laquelle je ne savais que » dire, et que personne ne venait prendre pour faire un tour de valse avec elle.»

ressortirait plus tard une entente inévitable entre le prince impérial et le nouveau roi d'Espagne.

» Après ces préliminaires, on en vint à la question brûlante du moment.

» L'empereur insista surtout pour l'obtention d'une capitulation plus favorable.

» Là-dessus, je lui déclarai que je n'étais nullement compétent, et que cette question, en tant que purement militaire, devait être traitée en présence de M. de Moltke; qu'au contraire s'il voulait dès maintenant entrer en pourparlers sur les préliminaires d'une paix définitive, j'étais prêt à lui répondre.

» L'empereur objecta qu'il était prisonnier de guerre, et que comme tel, il n'était pas en état de se prononcer à ce sujet. Sur quoi je l'interrompis en lui demandant qui était compétent pour cela, et ce fut alors qu'il me renvoya au gouvernement siégeant à Paris.

» Je lui fis observer que, dans ce cas, la situation d'aujourd'hui n'était pas meilleure pour moi que celle d'hier, et que nous serions forcés d'exiger une capitulation capable de nous garantir les résultats utiles auxquels nous donnait droit notre victoire de la veille.

» De Moltke que j'avais fait prévenir, et qui était survenu sur ces entrefaites, fut du même avis, et nous quitta ensuite pour aller rendre compte au roi de ce qui se passait. Nous sortîmes l'empereur et moi.

» Dehors, sur le bord du chemin, l'empereur loua vivement l'organisation de notre armée, la conduite de nos troupes, et comme je lui disais à mon tour, que les Français s'étaient bravement battus, il revint à la charge sur la question de la capitulation et demanda s'il ne pouvait pas obtenir que le corps d'armée enfermé à Sedan put se retirer au delà de la frontière belge où il serait immédiatement interné.

» Je lui répétai encore une fois, que c'était une chose toute militaire qui devait être décidée avec de Moltke.

» Mais là-dessus il se récusa de nouveau comme prisonnier de guerre, n'ayant plus, par conséquent, aucun pouvoir et ajoutant que les conditions de la capitulation ne pouvaient être valablement débattues qu'entre notre représentant et le général commandant en chef l'armée de Sedan.

» Pendant cet intervalle on était allé à la découverte d'une demeure plus convenable pour l'empereur, et quelques officiers de l'état-major étant revenus nous prévinrent que le château de Bellevue, près de Frénois, était tout disposé pour cela et avait la chance de n'être pas encore occupé par les blessés. Je fis part à l'empereur de cette bonne nouvelle et lui conseillai de prendre immédiatement cette résidence par la bonne raison que la maison du tisserand était très mal commode et qu'il devait peut-être avoir besoin de repos. Je lui promis en tout cas de prévenir aussitôt le roi de l'endroit où il s'arrêterait. Il se rendît à mes observations, et je courus d'une traite jusqu'à Donchery afin de me vêtir plus convenablement. Après quoi, je lui donnai une escorte de cuirassiers et le fis conduire, avec tous les honneurs dus à son rang, jusqu'à Bellevue. Au moment où commencèrent les premières tractations *(sic)* de la capitulation — se fiant sans doute à la bonté proverbiale et au bon cœur de Sa Majesté — il demanda la présence du roi. Pourtant il témoigna en même temps du désir que j'y fusse présent moi-même. J'eus l'air d'accepter en ce qui me concernait ; mais comme il me semblait juste que cette question toute militaire fut traitée seulement par des soldats, moins sujets que quiconque à toute espèce de pression sentimentale, j'eus soin, avant de monter l'escalier, de recommander tout bas à un officier de venir me demander cinq minutes après sous le prétexte que le roi désirait me parler. Et c'est en effet ce qui eût lieu. »

Tel fut le rôle de Bismarck dans les négociations de la capitulation de Sedan. Il y apporta toute sa haine pour le peuple français, sans pitié et sans égard pour le souverain déchu et la vaillante armée qui allait être livrée aux Allemands, après son séjour dans le « camp de la misère ».

Après que le souverain prussien eut reçu Napoléon en audience privée, il monta à cheval pour visiter le champ de bataille. Partout, dans cette plaine qui s'étend entre Donchery et Bazeilles, des équipes de fossoyeurs creusaient des tombes au pied desquelles étaient des amas de morts attendant leur sépulture ; des brancardiers apportaient dans les ambulances les blessés qu'ils avaient ramassés, et là-bas, comme fond de décor à cet immense champ de bataille, une fumée âcre, dégageant une odeur de chair brûlée, s'élevait du village de Bazeilles. Pauvre petit village, qu'avait-il fait pour avoir été si maltraité ? il s'était défendu contre l'envahisseur.

Au cours de sa visite du champ de bataille, Guillaume était accompagné de Bismarck. Dans ce village de Bazeilles, l'attitude du chancelier fut écœurante. Il eut d'atroces plaisanteries sur l' « odeur d'oignons frits » qui sortait des maisons flambantes où des corps de paysans rôtissaient après le massacre (1). De telles paroles paraissent être plutôt un hoquet d'ivrogne que celles d'un homme, quelle que fut son ivresse du succès des armées de son pays. Le soir, après cette excursion qui se prolongea jusqu'à 11 heures, c'est-à-dire pendant douze heures consécutives de cheval, le chancelier revint à Donchery ; il y arriva au moment même où l'empereur Napoléon traversait le pont sur la Meuse, en route pour Wilhemshohe, par la Belgique. Le chancelier satisfait de son œuvre, s'endormit après ses pieuses lectures qu'il n'oubliait jamais de faire, car tout le mal qui accablait notre pays était « d'œuvre divine » et il ne manquait pas d'en remercier la « divinité ».

*
* *

Après quelques jours de repos des troupes, le quartier général allemand prit ses dispositions pour la marche sur Paris. Bismarck rejoignit son souverain à Vendresse, et, le 4 septembre, l'un et l'autre s'installèrent à Rethel, le chancelier chez Mme Duval. Le grand quartier général quitta Rethel, le 5 septembre, à trois heures de l'après-midi, pour Reims. Ce déplacement de Bismarck, à travers le département des Ardennes, n'offre rien de particulier à signaler. Mais il n'en est pas de même pendant le séjour qu'il fît à Reims.

Le 4 septembre, vers 11 heures du matin, le premier détachement allemand, un escadron de hussards, se présenta à la grille de la ville, du côté de la route de Rethel. Tandis

(1) Busch : Bismarck und seine Leute während des Kriègs 1870-71, page 104.

qu'une délégation du conseil municipal parlementait avec l'officier commandant ce détachement, un coup de feu partit du groupe d'habitants qui se tenaient aux abords de la grille ; deux cavaliers qui avaient pénétré en ville eurent à essuyer aussi des coups de feu. Il n'en fallut pas davantage pour provoquer de sévères représailles. Le baron Waerth, commandant la cavalerie prussienne, déclara que la ville serait brûlée. Quelques heures plus tard, 30,000 Allemands faisaient leur entrée par le faubourg et la rue Cérès. La première vengeance de l'ennemi fut d'écraser la ville sous ses réquisitions.

Le lendemain, le 5 septembre, ce fut le tour du roi Guillaume, suivi de de Moltke et de Bismarck, d'entrer dans la ville de Reims. Le grand quartier général s'installa dans les bâtiments de l'archevêché. Pendant quelques jours les fêtes succédèrent aux fêtes, les banquets aux banquets, pour célébrer la victoire de Sedan et la marche des armées allemandes sur Paris.

Dès le 6 septembre, on s'occupa au quartier général des incidents qui avaient été provoqués au moment de l'entrée des troupes allemandes dans Reims. Bismarck qui avait déclaré, à maintes reprises, aux prisonniers civils arrêtés pour avoir été trouvés porteurs d'armes : « Vous êtes des assassins ; vous serez tous pendus » réédita ce principe à Reims. La maison Jacquier, que l'on soupçonnait d'avoir servi de refuge aux auteurs des coups de feu, fut désignée pour être incendiée. A cette nouvelle M. Dauphinot, alors maire de Reims, se rendît au quartier général et y vit Bismarck. Il lui demanda en vain le retrait de cette décision ; le chancelier se débarrassa de son interlocuteur en l'envoyant au roi Guillaume qui accorda la grâce demandée.

» L'état-major allemand n'avait pas voulu autre chose ; mais il tenait surtout que le public fut informé de la condamnation encourue et de la grâce accordée. Les termes mêmes de cette communication furent imposés par le comte de Bismarck ; ils caractérisent trop nettement la situation que les évènements firent à la municipalité, pour que nous n'en mettions pas le texte sous les yeux du lecteur.

» C'est M. le Maire qui écrit ; c'est M. de Bismarck qui dicte :

» Aux Habitants,

» J'ai appris ce matin, que le coup de feu, tiré dimanche sur les premières troupes entrées dans cette ville, allait amener sur toute la maison d'où il est parti, toutes les rigueurs de la loi militaire.

» Le café du sieur Jacquier et la maison tout entière allaient être rasés. Grâce à l'attitude calme de la population, j'ai pu obtenir de Sa Majesté le roi Guillaume, l'oubli d'un fait, qui, s'il se renouvelait, attirerait les plus grands malheurs.

» Je supplie mes concitoyens de continuer à donner des preuves de leur modération et, au besoin, de réprimer eux-mêmes le désordre partout où il pourrait se produire (1) ».

Cette commutation de *peine* fut signifiée à son intéressé par un officier accompagné d'une escouade en armes.

Quelques autres incidents se produisirent, et cette fois les Allemands furent impitoyables dans leur répression. Les habitants de Reims qui approchent de la cinquantaine, se rappellent un ouvrier teinturier, François Augé, dit *Barbe-Bleue*, parce qu'il s'était teint la barbe en bleu, un vieux soldat dont le cœur saigna à la vue d'un officier prussien, superbement monté, caracolant à l'angle des rues Gerbert et du Barbâtre.

François Augé déjeunait à cet endroit, tenant d'une main son morceau de pain, de l'autre, un couteau de poche ouvert, qui lui servait pendant ce repas. Il eût le malheur de faire le geste de porter un coup de couteau à l'officier ; arrêté sur le champ, il fut traduit le lendemain en Conseil de guerre et condamné à mort. L'exécution immédiate ayant été ordonnée, Augé fut fusillé aux environs du moulin d'Huon, et le corps laissé à la place même de l'exécution. Ce jour-là, Bismarck ne put s'indigner « qu'on mit trop d'inertie à fusiller » !

La grande préoccupation du chancelier, pendant son séjour à Reims, fut la question de la paix. Il aurait voulu que la ville même où furent sacrés nos rois, devint, par une de ces ironies du sort, le siège d'une conférence pour cette paix. Il

(1) V. Diancourt : *Les Allemands à Reims*, 1870-71, page 25.

avait mal compté avec le caractère français qui ne s'accommode pas facilement de livrer son honneur sans avoir épuisé tous les moyens pour le défendre.

A cette heure, en effet, tous les courages n'étaient pas abattus par la défaite de Sedan. Ne restait-il pas encore l'armée de Metz, avec Bazaine, cette armée vers laquelle volèrent toutes nos espérances ! La terre de France n'avait pas encore perdu toute la lignée de ses fils ; Paris était là ; c'était peut-être la planche de salut !

Bismarck comprit si bien que la France n'était pas épuisée, qu'il n'hésita pas, un seul instant, la veille de quitter Reims, le 12 septembre, d'aller trouver M. Werlé, alors député, et de l'entretenir officiellement des propositions de paix.

Le chancelier n'avait plus les mêmes prétentions que celles qu'il émit au cours des préliminaires de la capitulation de Sedan. Au lieu de quatre milliards, pour l'indemnité de guerre, il se contentait de deux ; au lieu de l'Alsace et de la Lorraine, il limitait ses prétentions territoriales à la cession de Strasbourg et d'une bande de terrain jusqu'à Wissembourg, assurant à la Prusse les deux rives du Rhin.

Nous nous garderons bien de reprocher à ceux qui avaient entre les mains les rênes du Gouvernement d'être restés muets à ces propositions. Mais il faut bien reconnaître qu'elles étaient, de beaucoup, moins dures que celles que nous devions subir quelques mois plus tard.

*
* *

Le 13 septembre au matin, alors que les éclaireurs de la deuxième division de cavalerie atteignaient Coulommiers, le grand quartier général, couvert par la division wurtembergeoise, quittait Reims, s'installait, le 14 septembre, à Château-Thierry, le 15 à Meaux ; c'est ce jour-là, que partit de Château-Thierry l'ordre réglant l'investissement de Paris.

C'est aussi, à partir du 13 septembre, que la ville de Reims eût à connaître, véritablement, toutes les duretés de l'occupation allemande.

Il n'entre pas dans nos vues de raconter, aujourd'hui, les tristes pages de l'occupation de la Champagne ; ce récit viendra à son heure, quand sera terminé le labeur auquel nous nous astreignons depuis quinze ans bientôt. On retrouvera, en plus d'une page, la main du « chancelier de fer ».

Maintenant que l'auteur de tant de maux dort du sommeil éternel au fond de la tombe, l'heure du jugement de l'histoire est sonnée.

Pour nous autres Français, jugeant Bismarck avec notre cœur de Français, avec notre cœur champenois surtout, nous ne verrons en lui qu'un tyran, auteur des maux de notre chère Patrie. Mais si dans ce jugement, nous dépouillant de notre patriotisme, nous oublions les maux que cet homme a causés à la France, nous serons obligés de reconnaître que « de tous les hommes d'État auxquels échut la tâche de défaire l'œuvre de Napoléon 1er, et de reconstituer ce que ce *génie malfaisant* (?) avait détruit, Bismarck est peut-être le seul qui ait pleinement réussi (1) ».

Mais on doit reconnaître aussi qu'il n'est pas non plus d'homme politique qui, après avoir vidé à longs traits la coupe du succès, ne but autant de lie ; il n'en est pas un plus que Bismarck qui, arrivé à l'apogée de la gloire, n'a connu l'amertume de la vie et les grandes désillusions ; pas un, enfin, qui puisse mieux dire, en jetant un regard vers le passé : *Vanitas vanitatum et omnia vanitas.*

Oh ! ma chère Champagne, et vous Sedan, Bazeilles, Voncq, Mézières et autres villages qui connurent en particulier l'invasion dans son horreur, qui virent bon nombre de vos concitoyens lâchement assassinés par la soldatesque allemande, vos maisons détruites par la torche incendiaire promenée par cette même soldatesque, quand ce n'étaient pas par les obus de sa puissante artillerie, cette fin de l'homme qui a considéré

(1) *Indépendance Belge.* Numéro du 1er août 1898.
Ce jugement sur Napoléon Ier est emprunté, comme on le voit, à un journal belge. Cet emprunt a été fait à la presse d'un pays neutre, pour témoigner de notre bonne foi dans le jugement que nous portons sur l'œuvre de Bismarck ; c'est ce sentiment seul qui explique la présence du qualificatif " *génie malfaisant* " à l'endroit de Napoléon Ier.

tous les maux dont vous avez été accablés comme étant « d'essence divine », cette fin, disons-nous, n'est-elle pas pour vous le commencement de votre vengeance que complètera, espérons-le, l'heure des « grandes réparations ».

Jules POIRIER.

Reims. — Imprimerie MATOT-BRAINE, rue du Cadran-Saint-Pierre, 6.

DU MÊME AUTEUR

1° **L'Investissement et le Bombardement de Mézières en 1870**, avec carte et plans. — 1 vol. in-8, 250 p., 1887.

2° **Siège et Blocus de la ville et du château de Sedan en 1815**. — 1 vol. in-8, 175 pages, 1888.

3° **Le Siège de Mézières en 1521**, Manuscrit inédit, *extrait des archives communales de Mézières, augmenté de lettres de Bayard et de FRANÇOIS Ier, relatives audit siège, d'une autre relation de ce siège et autres documents annotés.* — 1 vol. in-8, 32 pages, 1888.

4° **L'Eglise paroissiale de Charleville**, histoire et description archéologique du monument — 1 vol. in-8, 75 pages, 1888.

5° **Campagne de l'Argonne 1792**, *Journal du commissaire des guerres Brémont.* — Librairie du *Spectateur militaire*, 1891.

6° **Le Siège de Mézières en 1521.** — Imprimerie du *Courrier des Ardennes*, septembre 1891.

7° **Recherches sur les anciennes Rues et les anciennes Fortifications de Charleville.** — Imprimerie du *Courrier des Ardennes*, 1891-92.

8° **Histoire du Couvent du Mont-Calvaire à Bel-Air** (près Charleville). — Publication du *Courrier des Ardennes*.

9° **Les Cendres de Turenne** (couronné par la Société d'encouragement au bien). — In-8, 50 p., 1892.

10° **Invasion de 1815. — Le siège de Mézières.** — In-8, 204 p. 1894. (*Honoré d'une souscription du Ministre de la guerre).*

11° **La Campagne du Dahomey 1892-94**, préface de M. Lavertujon, député de la Haute-Vienne. — Gr. in-8, 371 p., 1894.
Honoré d'une souscription du ministre de la guerre, d'une médaille de la Société Nationale d'encouragement au bien. Recommandé par le ministre de la marine pour les bibliothèques des corps de troupes de la marine et par le ministre de l'Instruction publique pour les classes spéciales de Saint-Cyr dans les lycées.

12° **Etude sur les opérations du corps de Vinoy, pendant la guerre de 1870-71, dans les Ardennes et dans l'Aisne.** — Publication de la Réunion des Officiers, 1895, avec cinq cartes dans le texte.

13° **Les Etats de service d'un Brave : le général Marcellin de Marbot, 1782-1854.** — 1 vol. gr. in-8 de 238 pages, 15 gravures.

www.ingramcontent.com/pod-product-compliance
Ingram Content Group UK Ltd.
Pitfield, Milton Keynes, MK11 3LW, UK
UKHW012306240726
13966UKWH00004B/1681

9 782011 924742